Sei ein Krieger!

Psychologische Kriegertaktiken für Wirtschaft und Alltag

von

Andreas Leffler

für

meine Schüler,

die mich immer dazu ermutigen,

weiter zu machen, weiter zu denken

und besser zu werden

Sei ein Krieger! Psychologische Kriegertaktiken für Wirtschaft und Alltag

1. Auflage
2002
ISBN: 3-936457-01-8

IMPRESSUM:

herausgegeben von

Andreas Leffler Medienverlag
Postfach 71 06 47
81456 München

VORWORT

Mein Leben drehte sich im wesentlichen immer um zwei Dinge. Kampfkunst und Wirtschaft - Wirtschaft und Kampfkunst. Desto länger ich mich mit beidem beschäftigte, um so mehr erkannte ich die Parallelen zwischen den Kämpfen eines gut gerüsteten und bewaffneten Kriegers in vergangenen Tagen und denen einer hoch bezahlten Führungskraft in Anzug und Krawatte.

Ein Manager steuert wie ein Admiral ein Schiff durch die Gefahren stürmischer See und arbeitet daran, dass seine Armee bzw. seine Firma am Ende siegreich bleibt und überlebt. Dabei hat der Admiral sogar den Vorteil, dass ein Krieg irgendwann zu Ende ist, der Überlebenskampf in der Wirtschaft jedoch nie endet. Kämpfe, egal ob körperlich oder geistig, haben eine Menge Parallelen und um sie zu überleben bzw. um zu siegen braucht man eine große geistige Stabilität und einen tieferen Einblick in die menschliche Psyche.

Deshalb hier mein Versuch die Erkenntnisse aus beiden Gebieten zusammen auf einen Nenner zu bringen. So, dass das Wissen der Jahrhunderte alten Kriegerkasten des alten Japans auch jedem anderen einfach und übersichtlich präsentiert werden kann. Auf dass jeder einen Nutzen daraus ziehen kann und jeder die Theorien und Ideen verstehen kann, ohne vorher tieferes Wissen auf einem der angesprochenen Gebiete gesammelt zu haben. Dies gilt insbesondere für alle die, die im hektischen Wirtschaftsleben vorankommen müssen und ihr eigenes Überleben, sowie dass der Firma sichern müssen, aber natürlich auch allen Kampfsportlern sämtlicher Stile und jedem anderen interessierten Personenkreis, der ein wenig mehr über sich, die Welt, die Mitmenschen und einen Weg durchs Leben erfahren möchte.

GEDANKEN ZU DIESEM BUCH

Ich hatte ja bereits in meinen zahlreichen Büchern zum Thema Kampfkunst angesprochen, dass die Einstellung eines Kriegers ein ganz wesentlicher Faktor ist. Dabei ging es meist um die Frage, ob und wie er dem aggressiven Verhalten eines Straßenkämpfers standhalten kann. Dazu gehört in erster Linie Herz.

Doch der wahre Krieger benötigt noch eine wesentlich tiefere psychologische Ausbildung bzw. psychologische Erkenntnisse um in seinem Beruf erfolgreich zu sein.

Er muss Menschen beobachten können, aus ihren Gewohnheiten die richtigen Schlüsse ziehen können, er muss ein Auge für Details haben und dabei Wesentliches von Unwesentlichem unterscheiden können. Er muss die psychischen Spiele seiner Mitmenschen kennen und sie selbst meisterlich beherrschen und er muss Situationen richtig einschätzen, um dann ganz ruhig, ohne Panik und Hast richtige Entscheidungen zu treffen. Nur so kann man unnötige Kämpfe vermeiden, unumgängliche Kämpfe erfolgreich beenden und letztendlich friedlich leben.

Selbstverständliche würden solche Fähigkeiten nicht nur einem professionellen Samurai oder Shinobi das Leben ganz erheblich erleichtern, sondern jedem von uns. Gerade im modernen Geschäftsleben finden ja heute tägliche Kämpfe um Verträge, Übernahmen, Aktienmehrheiten und Positionen in der Hierarchie statt. Dabei wird leider nicht immer mit fairen Mitteln gekämpft.

In der heutigen Zeit ist es ja ohnehin so, dass die meisten von uns ohnehin niemals wirklich körperlich kämpfen werden und das ist auch gut so. Doch um so mehr kann man mit der richtigen psychologischen Ausbildung die kleinen psychischen Kämpfe des Alltags meistern. Ob im Büro, Zuhause, in der Schule oder beim Stadtbummel. Überall kann man angefeindet werden oder unversehens in einen Streit geraten.

Viele von uns sind dann sprachlos, verärgert oder überfordert. Beschäftigt man sich aber im Vorfeld ein wenig mit dem Meistern von Krisensituationen, dann ist im Ernstfall meist alles nur halb so schlimm.

Ich selbst habe die Erfahrung gemacht, dass ich im ganz normalen und gewaltlosen Alltag am meisten von meinem Kampfsporttraining profitiere. Denn durch die Festigung des Charakters, die Steigerung des Selbstbewusstseins und die wesentliche Verbesserung im Umgang mit Mitmenschen erlangt man wesentlich mehr Vorteile, als durch die pure Fähigkeit, kämpfen zu können.

Dies alles sind Möglichkeiten, welche die Kampfsportarten bieten können. Doch leider ist dies nicht immer der Fall, denn es kommt ganz auf die Einstellungen des Lehrers und des Schülers an. Ist der Lehrer nicht fähig all diese Dinge zu vermitteln, besteht die Gefahr, dass der Schüler auf einen falschen Weg abkommt, aber auch, wenn der Schüler nicht bereit ist diese Lehren anzunehmen, auch dann kann er vom richtigen Weg abkommen, was schließlich dazu führen wird, dass er sein Wissen missbräuchlich anwenden wird.

Ich persönlich denke, die Kampfkünste und zwar unabhängig von dem ausgeübten Stil, sind eine Gratwanderung, bei der auf der einen Seite wunderbare Erkenntnisse und Belohnungen warten, aber auf der anderen Seite Hass und Gewalt lauern. Deshalb ist es mir wichtig, Bücher wie dieses zu schreiben, damit die Leser eine Chance erhalten, die tieferen Philosophien und Möglichkeiten zu erkennen und für sich und ihr Umfeld daraus ein besseres Leben zu erschaffen.

Der Krieger des feudalen Japans, so wie er heute oftmals stilisiert wird, kennt die Menschen und seine Sinne sind geschärft. Dies macht ihn überlegen. Er muss diese Überlegenheit zwar keinesfalls im negativen Sinne einsetzen, aber er wird heraus finden, dass sie ihm vieles in seinem eigenen Leben erleichtern wird.

Lesen Sie nun auf den folgenden Seiten, auf was es ankommt und versuchen sie so gut es geht davon zu profitieren, um letztlich nicht nur im Kampf zu überleben, sondern vor allem auch im alltägliche Überlebenskampf in unserer Gesellschaft.

Andreas Leffler
im November 2001

INHALTSVERZEICHNIS:

Impressum	3
Vorwort	4
Gedanken zu diesem Buch	6
Inahltsverzeichnis	10
Wortgefechte	11
Blickkontakt	20
Die Beleidigung	24
Menschenkenntnis	29
Psychospielchen	32
Ruhe in Krisensituationen	39
Alle Sinne einsetzen	43
Selbstdisziplin	48
Schauspieltalent	52
Der Blick für das Wesentliche	60
Den Moment erleben	65
Der leere Geist	68
Wie kann ich lernen?	75
Das Spiel des Lebens	78

WORTGEFECHTE

Jeden Tag sprechen wir mit vielen verschiedenen Menschen in unserem Umfeld, privat, im Beruf oder im Freundeskreis. Kommunikation ist ein wesentlicher Bestandteil in unserem Leben und wird durch die andauernde Erreichbarkeit durch E-mails, Handys, Palm Pilots, Faxe und anderen technischen Errungenschaften immer noch wichtiger. Es ist sogar bereits einer der Mittelpunkte unseres alltäglichen Lebens. Schließlich sind wir täglich rund um die Uhr in allen Winkeln des Erdballs erreichbar.

Leider lässt es sich dabei nicht vermeiden, dass es manchmal zu Streitigkeiten und Auseinandersetzungen kommt. Für den Krieger konnte eine solche Auseinandersetzung schnell den Tod bedeuten, wenn er in der Hitze des Wortgefechts seine Ruhe verlor und unüberlegte Sachen von sich gab.

Heute ist es in vielen asiatischen Ländern immer noch so, dass man, wenn man anfängt lauthals zu streiten, sein Gesicht vor Geschäftspartnern verliert. Dies ist zwar nicht so schlimm wie wörtlich genommen, seinen Kopf zu verlieren, aber dennoch kann es zum sofortigen Abbruch einer Verhandlung oder Geschäftsbeziehung führen. Und selbst bei uns kann man mit lauten Drohungen, Flüchen und

Beleidigungen keinen Streit gewinnen. Deshalb ist es nach wie vor wichtig, mit der richtigen Taktik in solche Wortgefechte zu gehen. Gerade im Berufsleben sind lautstarke Ausbrüche verpönt und im Privatleben kann man sich so manche Beziehung kaputt machen, wenn man einfach immer mit dem Kopf durch die Wand will.

Der Krieger behält immer den Überblick, im Kampfgeschehen, aber auch in Wortgefechten. Um dies zu bewerkstelligen, muss er ruhig bleiben. Man hört sich die Argumente des anderen an und kalkuliert dann eiskalt was man ihm entgegen bringen möchte. Dazu gibt es jetzt mehrere Gesprächstaktiken, die in unterschiedlichen Situationen angewendet werden können:

1.

Man versucht seine Meinung durchzudrücken und den Streit zu gewinnen. Um das zu schaffen, muss man oftmals vorsichtig an den Gesprächspartner heran gehen. Seine Argumente verstehen, sie aber gleichzeitig langsam abwandeln, um über einen großen Bogen schließlich doch seine eigne Meinung einzubringen. Die geschicktesten Redner und davon gab es zu jeder Zeit in jedem Volk einige, schaffen es ihre Meinung durchzusetzen und alle anderen fühlen sich dabei noch bestätigt, weil sie so trickreich überzeugt wurden.

2.

Manchmal muss man verlieren, um zu gewinnen. Das heißt, wenn man mit den Zugeständnissen, die man macht, leben kann, um dann zu einem späteren Zeitpunkt den Gesprächspartner auf seiner Seite zu haben, dann ist es manchmal klug, zu verlieren. Man nennt dies die Schlacht verlieren, aber den Krieg gewinnen.

3.

Wenn es nun nicht möglich ist, den Streit zu gewinnen oder aber auch gar nicht notwendig ist, ihn zu gewinnen, dann kann ein solcher Streit auch ohne Sieger ausgehen und trotzdem gehen beide Beteiligten mit einem guten Gefühl auseinander. Dies ist besonders dann der Fall, wenn Ihr Gesprächspartner genug Vernunft und Intelligenz besitzt, um zu verstehen, dass solch Diskurse oftmals dazu beitragen, dass beide etwas voneinander lernen.

4.

Man stellt sich dumm, viel dümmer als man eigentlich ist. Hat man den anderen nämlich schnell durchschaut, dann gibt es keinerlei Gründe ihm dies gleich zu zeigen. Denn man kann dann unter Umständen viel mehr Informationen aus ihm heraus holen, als dieser eigentlich bereit ist zu geben. Hierzu ein Beispiel: Auf einer meiner Asienreisen war ich eines nachts relativ verloren an einem großen

Flughafen angekommen. Die Ticketschalter hatten bereits geschlossen, ich hatte kein Hotel und einige ziemlich harte Tage hinter mir. Da kommt aus einem der gerade schließenden Schalter ein Mann auf mich zu und fragt mich in gebrochenem Englisch, ob ich auf der Suche nach einem Hotel wäre. Ich sagte etwas verunsichert "ja". Er würde eines kennen, gleich in der Nähe des Flughafens, sehr nett, sehr neu und sehr günstig. Nun ja, ich hatte keine Ahnung wohin und sagte, er solle mir doch die Adresse am besten auf einen Zettel schreiben, damit ich sie dem Taxifahrer zeigen konnte. Doch er wollte es mir genau zeigen und unbedingt meinen Koffer tragen. Hier klingelten spätestens alle Alarmglocken. Was wollte er? War er wirklich so ein netter Mensch? Wohl eher kaum. Also blieben nur zwei Möglichkeiten. Er wollte etwas wirklich schlechtes (mir z.B. den Koffer klauen) oder er wollte sich ein gutes Trinkgeld von einem ahnungslosen Ausländer verdienen. Nun ja, der Koffer wog mehr als 20 Kilo, also zu schwer, um schnell zu laufen. Also dachte ich mir, was soll`s. Ich stellte mich dumm und fragte ihn, warum er so freundlich ist und er antwortete nur, so sei er eben. Ich lies ihn den Koffer tragen und während ich noch Geld wechselte, sogar darauf aufpassen. Dabei hatte ich ihn allerdings die ganze Zeit im Blick. Dann brachte er mich zum Taxistand, rief ein Taxi und überraschender Weise stieg er mit ins Taxi ein. Er wolle mich schon persönlich hinbringen. Also, kein Mensch ist so nett, dass er einem den Koffer trägt und dann noch mitten in der Nacht mit einem durch die Stadt fährt, um einem ein Hotel zu suchen. Die Lage hatte sich etwas verändert. Alleine mit ihm und einem Taxifahrer in einem fremden Auto fuhren wir durch die leeren Straßen einer fremden Stadt und es war nun klar, dass er entweder von dem Hotel eine Provision bekommen würde oder aber die beiden mich an der nächsten Ecke ausrauben würden. Deshalb positionierte ich mich schon mal günstig im Auto. Aber nichts geschah. Wir erreichten das Hotel kurze Zeit später. Der Mann checkte mich noch ein, organisierte einen Kofferträger und verabschiedete sich mit den besten Wünschen. Ich gab ihm 10 US Dollar. So war ich für 10 US Dollar sehr schnell an ein günstiges und nettes Zimmer gekommen. Letztendlich habe ich mich dumm gestellt, um nicht überrascht zu werden, aber so haben wir beide bekommen, was wir wollten. Er ein nettes Trinkgeld und ich bin schnell zu einem netten Zimmer für die Nacht gekommen.

5.

Zu anderen Zeiten muss man wissender erscheinen, als man eigentlich ist. Eine Kunst, die heute vor allem unter Wirtschaftlern und Politikern weit verbreitet ist. Viel reden, Fachwörter benutzen und auf keine Frage konkret eingehen. Viel reden, ohne etwas zu sagen. Dies ist eigentlich eine sehr schlechte Strategie, aber manchmal nötig um

Erfolge zu erzielen. Oder was denken Sie, wie es die vielen unfähigen Führungskräfte in den großen Unternehmen geschafft haben, einen solch gut bezahlten Job zu bekommen?!

Man muss allerdings hier einschränkend sagen, dass ein guter Beobachter mit Fachwissen in der entsprechenden Thematik, einen solchen Schönredner unter Umständen schnell durchschauen kann. Aber zum Glück (oder leider) gibt es nicht so viele gute Beobachter mit viel Fachwissen.

Diese Taktik empfiehlt sich z.B. auch manchmal in Schule oder Studium, wenn man über ein ungeliebtes Thema referieren muss. Wahrscheinlich ist Ihnen auch schon aufgefallen, dass es in solchen Situationen immer einen Besserwisser gibt, der nach, oder noch schlimmer, während dem Referat tausend und eine Frage an Sie hat. Lassen Sie sich nun bloß nicht aus der Ruhe bringen. Antworten Sie ausführlich und ausschweifend. Schlagen Sie Haken wie ein Hase dem ein Rudel Füchse auf der Spur ist. Die meisten dieser Frager hören sich nämlich nur selbst gerne reden und haben den Sinn ihrer Frage schon wieder vergessen, während Sie antworten.

Im Gespräch gibt es nun einige Grundregeln, die (bis auf wenige Ausnahmen) immer gelten. Ich habe hier einmal für

Sie neun der wichtigsten dieser Regeln zusammen gefaßt.

1.

Die Stimme sollte bei jedem Satz so ruhig sein, als ob man nach einem Glas Wasser fragt.

2.

Man sollte nie überhastet antworten, sondern sich Zeit nehmen seine Antwort genau zu überlegen. Diese Zeit gewinnt man z.B. durch Füllwörter, ein vorgetäuschtes Husten oder indem man sich, wenn es gar nicht anders geht schnell entschuldigt, um zur Toilette zu gehen.

3.

Zuhören ist meist besser als reden. Das bedeutet, man muss dem Gegenüber genau zu hören, was er sagt und nicht nur halb hinhören, weil man schon seine nächsten drei Sätze geistig vor formuliert. Nur so kann man Dinge in Erfahrung bringen.

4.

Das eigene Ego kann zurück genommen werden, um dem Ego des Anderen Platz zu machen. Denn wenn dieser sich frei entfaltet, verrät er viel.

5.

Augenkontakt zeigt, dass man die Wahrheit sagt und Mut hat. Leider wird in asiatischen Ländern Augenkontakt oftmals als zu aufdringlich empfunden.

6.

Wenn man etwas nicht versteht, geht man nach der Formel "zuhören, denken, nachfragen" vor. Es ist keine Schande, wenn man sagt "Also Sie meinen.....". Das ist immer noch wesentlich besser, als wenn man so tut, als hätte man es verstanden, dann aber der ganzen Diskussion nicht folgen kann.

7.

Wenn man nichts sagt, werden sich die Probleme nicht lösen. Man soll also nicht warten, bis einen ein Problem auffrißt, sondern man sollte schon bei Zeiten anfangen, dagegen anzugehen.

8.

Menschen, die einen beleidigen, sollte man nicht zurück beleidigen, sondern sie nur bedauern.

9.

Im engeren Kreis ist es wichtig, zu seinen Worten zu stehen, um sich das Vertrauen der anderen zu sichern.

Natürlich gibt es immer Ausnahmen und die Situation kann sich von Gespräch zu Gespräch ändern. Das ist ja gerade die Schwierigkeit bei der Sache.

Vielleicht müssen Sie ihren Gegenüber anschreien, um ihn aus der Reserve zu locken. Das kann man natürlich machen, aber man sollte es geplant tun und nicht, weil einem gerade der Zorn überkommt.

Vielleicht können Sie auch einen Diskurs gewinnen, weil ihr eigenes Auftreten so stark ist, dass Sie alle anderen einschüchtern. Eine Taktik, die auch gerade in der heutigen Zeit wieder gerne benutzt wird, wo viele Leute ihre Egos pflegen und dazu von der Gesellschaft ja letztlich auch ermutigt werden.

Sie sehen schon, man kann schon viel gewinnen, wenn man sich in Wortgefecht richtig verhält und letztlich kann man damit heute meist mehr gewinnen, als mit körperlichen Gefechten.

BLICKKONTAKT

Wie im letzten Kapitel schon erwähnt, sagt Blickkontakt meist aus, dass man die Wahrheit sagt und Mut hat. Viele Lügner können einem nicht gerade in die Augen schauen. Noch auffälliger wird es bei Menschen, die immer dann anfangen weg zu schauen, wenn sie beginnen, die Unwahrheit zu sagen.

Allerdings muss man einschränkend dazu sagen, dass auch manchmal gerade besonders schüchterne Leute einem nicht direkt in die Augen schauen. Selbst wenn sie die besten Absichten haben.

Doch Blickkontakt kann noch viel mehr schaffen. Ein guter Mann kann dem anderen Mann immer gerade in die Augen sehen, ohne sich abwenden zu müssen (Gilt natürlich auch für Frauen). Feiglinge und Lügner können dies oft nicht. So kann man aus einem Blick manchmal mehr erfahren, als aus tausend Worten. Ein weiser Mann sagte einmal, die Augen sind die Spiegel der Seele und das ist vermutlich sehr wahr, man muss nur lernen darin zu lesen.

Menschen mit starkem Charakter, vor allem Krieger, benutzen den Blick auch oftmals um den Gegner einzuschüchtern. Es heißt, man kann einen Feind alleine durch einen

Blick so einschüchtern, dass dieser sich nicht traut anzugreifen. Weder mit Worten noch mit Fäusten. Dies hängt nun natürlich ganz von der eigenen psychischen Stärke und von der psychischen Stärke des Gegners ab. Aber grundsätzlich kann ich sagen, dass es oft funktioniert.

Gefährlich ist dieses Spiel nur bei besonders primitiven Straßenschlägern, die sich durch einen geraden Blick sofort heraus gefordert fühlen. Also gibt es auch hier wieder Ausnahmen.

Sollte man jedoch bereits in einer Problemsituation sein, dann kann man dem Gegenüber durchaus, also durch die Art des Blickes, wissen lassen, dass man kein Schaf ist, sondern ein Wolf und dass es keine gute Idee ist, sich mit einem anzulegen. Manche Autoren empfehlen hier, gerade bei einem anstehenden Kampf, sich vorzustellen, wie man den Gegner schlägt. Dieser Gedanke würde die Entschlossenheit des Blicks steigern und somit den gewünschten Ausdruck noch deutlicher hervor bringen.

Wie auch immer, sicher ist, dass es Leute gibt, die einen nur mit Blicken einschüchtern können und nicht nur deshalb ist der Einsatz von gezieltem Blickkontakt wichtig für den Krieger. Hierzu ist es immer gut, einmal einen Boxkampf zu beobachten und den beiden Kontrahenten genau auf die

Augen zu sehen, um zu entdecken wie sie sich gegenseitig anschauen. Manchmal kann man hier bereits erkennen, wer von beiden wesentlich entschlossener ist und wer deshalb vermutlich am Ende den Sieg davon tragen wird.

Im Kapitel "Alle Sinne einsetzen" werde ich noch darauf zu sprechen kommen, dass der Mensch eine Art 6. Sinn dafür entwickelt, wenn er angestarrt wird. Dies kann jedoch auch durchaus negative Auswirkungen haben. Sicher sind Sie schon mal in der U-Bahn oder im Bus gestanden und haben Gedanken verloren auf eine Frau oder einen Mann gestarrt die/der Ihnen gefallen hat. Plötzlich hat sich diese Person zu Ihnen umgedreht. Sehr unangenehm, oder?! Nun, sie hat einfach bemerkt, dass Sie angestarrt wurde.

Im Alltag kann der Blick aber auch jederzeit positiv eingesetzt werden. Man kann damit zeigen, dass man die Wahrheit sagt und nichts zu verbergen hat, man kann damit aber auch die Abneigung einem anderen gegenüber ausdrücken.

Man kann lästige Kollegen in Schule oder Studium verstummen lassen, indem man sie mit wenigen deutlich Worten und einem entsprechenden Blick wissen lässt, was man von ihren Störungen hält oder man kann Verhandlungspartner ermutigen oder einschüchtern.

Sie sehen also, man kann schon viel über seine Absichten verraten, ohne auch nur ein Wort zu sagen, wenn man einfach nur den Blickkontakt richtig einsetzt.

DIE BELEIDIGUNG

Wird man beleidigt, dann hat der andere offensichtlich einen wörtlichen Angriff ausgeführt. Es geht nun nicht mehr um eine sachliche Diskussion oder den Versuch jemanden mit Worten zu überzeugen. Nein, eine Beleidigung ist der härteste Angriff mit Worten und die Beleidigung ist immer der Versuch ein Gespräch auf ein niederes Niveau einer unsachlichen Ebene zu führen. Es mag dafür unterschiedliche Beweggründe geben. Etwa die Tatsache, dass sich der Aggressor selbst nicht anders zu helfen weiß, weil er nicht gelernt hat, sachlich zu argumentieren oder weil er einfach ein Choleriker ist. Es könnte aber auch ein cleverer und geplanter Schachzug sein, mit dem Ihr Gegenüber versucht Sie einzuschüchtern, herauszufordern oder lächerlich zu machen.

Doch alles der Reihe nach. Man muss zunächst die verschiedenen Situationen unterscheiden, in denen man beleidigt werden kann.

1.

Ein völlig Fremder beleidigt einen auf der Straße

2.

Ein Kollege oder Schulkamerad beleidigt einen immer wieder ohne ersichtlichen Grund.

3.

Ein Gesprächspartner wird ausfallend und beleidigt einen.

Zu 1.

Solche Beleidigungen werden eigentlich nur von relativ dummen Menschen ausgesprochen, die auf der Suche nach Problemen sind oder die damit ihren eigenen Frust kompensieren möchten. Etwa ein angetrunkener Schläger ruft einem eine Beleidigung nach, weil er sich gerne prügeln möchte oder weil er vielleicht nur neidisch auf Ihr schönes Auto oder Ihre hübsche Freundin ist. Mein Tip: Ignorieren Sie ihn. Jede Erwiderung auf seine Beleidigung führt nur zu noch mehr Ärger und selbst wenn Sie mit Worten besser umgehen können, wie er, dann ärgert er sich nur noch mehr und die Wahrscheinlichkeit einer körperlichen Auseinandersetzung steigt. Lassen Sie von solchen primitiven Individuen nicht Ihr Ego angreifen und stehen Sie über den Dingen. Bedauern Sie die Person und gehen Sie weiter.

Zu 2.

Hier haben wir den Fall des sogenannten "Bullys". In Amerika nennt man jemanden Bully, der immer die kleineren in seiner Klasse traktiert. Dies passiert in fast jeder Schulklasse, in vielen anderen Gruppen und leider auch im Berufsleben. Grundsätzlich muss man zunächst zwischen zwei möglichen Umfelder entscheiden. In Umfeld A muss man mit einer körperlichen Auseinandersetzung rechnen und in Umfeld B ist dies unmöglich. Ein Beispiel für A ist z.B. die Schule und ein Beispiel für B die Firma. Bei A ist es meist so, dass man mit andauerndem Ignorieren nichts erreicht. Denn der Bully fühlt sich bestätigt und wird einen immer härter piesacken. Also muss man ihm entgegen treten und ihm die Meinung sagen. Viele Bullys lassen von ihren Opfern bereits ab, wenn diese sich nicht als leichtes Oper heraus stellen, sondern als zäher Brocken. Hier wie auch in Fall B haben es Leute, die wortgewandt sind, natürlich einfacher. Aber auch Menschen, denen es schwer fällt in Sekundenbruchteilen eine gute Antwort auf eine dumme Beleidigung zu finden, haben Möglichkeiten sich zu wehren. Kann man in Fall A noch selber beleidigend werden, so empfiehlt sich das in der Firma am Arbeitsplatz auf keinen Fall. Man kann jedoch z.B. einen Angriff, wie bei einem echten Kampf, ins Leere laufen lassen und somit den Angreifer der Lächerlichkeit Preis geben. Sagt er z.B. etwas wie "Mann, bist Du vielleicht häßlich und dick!" dann könnte man z.B. antworten "Ja, ja so hat jeder von uns seine kleinen Problemchen zu tragen." und gleich danach desinteressiert weg gehen. Noch besser vielleicht ein Lob, mit dem der Angreifer in dieser Situation bestimmt nicht rechnet. Sagt er z.B. "Du bist so was von dumm..." dann Antwortet man "Zum Glück haben wir ja hier Koryphäen wie Dich, die das Niveau hoch halten." Wichtig gerade für Leute, die nicht so schlagfertig sind, ist es auf alle Fälle den Überraschungsmoment einer solchen Antwort auszunutzen und den Kampfplatz zu verlassen, bevor man sich auf weitere Diskussionen einlassen muss.

Zu 3.

Hier könnte es z.B: sein, dass ein Kollege oder Verhandlungspartner plötzlich während einer Diskussion die sachliche Ebene verlässt, laut wird und Sie beschimpft. Hier dürfen Sie nun auf gar keinen Fall auf sein Niveau fallen. Bleiben Sie in jedem Fall ruhig. Denken Sie wie ein Krieger. Ein wütender Krieger macht Fehler. Ihr Gegenüber macht gerade Fehler. Es liegt nun an Ihnen, die Situation wieder zu reparieren. Sie könnten Ihn z.B. sozusagen "ausschreien" lassen und sich ruhig zurück lehnen und ihn einfach nur neugierig beobachten. Ihre Blicke werden Ihn schließlich verunsichern und er wird aufhören Sie zu beschimpfen. Abschließend können Sie im gleichen ruhigen Ton mit der Diskussion fortfahren, ohne seinem Ausfall auch nur ein Wort zu widmen. Damit verunsichern Sie ihn mit Sicherheit und Sie haben den Vorteil nun auf Ihrer Seite. Etwas aggressiver können Sie nach einer kurzen Schweigezeit freundlich fragen, ob er denn nun mit seinen Ausführungen fertig sei, schließlich würden Sie gerne mit dem Thema weiter machen. Kommen solche Ausbrüche bei einem Menschen in Ihrer Nähe öfters vor, dann müssen Sie allerdings energischer einschreiten. Ermahnen Sie ihn, sachlich zu bleiben. Sagen Sie ruhig gerade heraus einen Satz wie "Sie beleidigen mich und ich glaube nicht, dass uns dass mit unserem Problem weiter bringt." oder "Ich diskutiere dieses Problem gerne weiter mit Ihnen, aber wir sollten lieber sachlich bleiben". Wir-Sätze sind immer gut, weil man damit nicht direkt einen Gegenangriff einleitet, sondern dem Angreifer sozusagen die Hand reicht und ihm hilft wieder ruhig zu werden. So wirkt der Satz "wir sollten uns wieder darauf konzentrieren, sachlich zu werden." doch ganz anders als der Satz "Jetzt werden Sie mal wieder sachlich!".

So oder so, wie schon gesagt, bleiben Sie immer ruhig und denken Sie sich, was ich mir immer in solchen Situationen denke: Von solch einem Primaten lasse ich mich nicht beleidigen, ich lasse mich nur von richtigen Menschen beleidigen. Nehmen Sie es nicht persönlich, denn genau das wünscht sich Ihr Angreifer.

MENSCHENKENNTNIS

Vielleicht das wichtigste überhaupt ist Menschenkenntnis. Die Fähigkeit, sein Gegenüber auf Grund seines Aussehens, seiner weniger Worte bereits einschätzen zu können. Diese Fähigkeit wird heute immer mehr vernachlässigt, da sie nicht wirklich wissenschaftlich zu belegen ist, man kann sie nicht messen und keine Diagramme darüber zeichnen. Deshalb versucht man sie durch Tests, Fragespiele, Langzeitbeobachtungen usw. zu ersetzen.

Besonders geübt darin sind heute die "Personalchefs" der verschiedenen Firmen, die ja immer schneller immer mehr hochqualifizierte Führungskräfte brauchen, um in dieser schnell lebigen Zeit das Überleben der Firma zu sichern. Weil sie selbst oftmals jedoch nicht mehr genügend Menschenkenntnis besitzen, weichen sie auf die oben genannten Möglichkeiten aus oder verlagern das Problem ganz auf eine externe Firma, die sich auf die Personalsuche spezialisiert hat.

Solche Möglichkeiten hat ein Krieger natürlich nicht. Er muss von Fall zu Fall eine Situation und die darin befindlichen Menschen immer wieder neu einschätzen. Steht ihm z.B. jemand mit einer geladenen Waffe gegenüber, dann muss er wissen, ob die Person bereit ist zu schießen, ob sie einen gehen lässt, wenn man ihr das Geld gibt oder ob man ohnehin sterben würde und deshalb einen Befreiungsversuch wagen kann. Ein gut ausgebildeter Krieger erkennt einen potentiellen Gegner bereits, wenn dieser den Raum betritt, er kann dies an seiner Haltung, seinem Blick, seiner Aura und auch an seinen Worten ablesen.

Leider gibt es mit der Menschenkenntnis ein Problem. Man kann sie nicht so einfach lernen. Es ist eines der Talente von denen man von Geburt an gesegnet ist. Manche Menschen besitzen einfach viel Menschenkenntnis, andere eher weniger. Das heißt aber glücklicherweise nicht, dass man sie gar nicht erlernen könnte. Denn auch der, der sie von Geburt aus besitzt, hat sie nicht voll entwickelt, sondern nur eben Talent dazu. Jeder kann aber diese Fähigkeit weiter entwickeln.

Dazu muss man Menschen beobachten, ihnen zuhören und sich Gedanken über ihre wahren Beweggründe machen. Man muss mutig sein und auch einmal quer denken und Dinge sagen, mit denen man sich vielleicht einmal unbeliebt macht. Einfach um zu sehen, was passiert und um die anderen aus der Reserve zu locken.

Möglichkeiten zum Üben ergeben sich täglich für jeden von uns. Man kann die Fahrt zur Arbeit in der U-Bahn dazu benutzen, die "Anderen" zu beobachten und zu sehen wie sie sich verhalten. Wie spricht das Pärchen gegenüber miteinander. Sind Sie wirklich ein Paar oder wohl eher nicht?! Warum blickt der Mann da hinten wohl so verkrampft zum Fenster hinaus und was ist wohl mit der alten Dame, die mit sich selbst spricht. Wie sind wohl ihre Lebensumstände?! Man muss sich einfach nur Gedanken darüber machen und genau beobachten. Andere Möglichkeiten ergeben sich an allen erdenklichen Orten, wie in der Schule, im Freundeskreis, im Straßencafe, in der Firma oder etwa in der Disco. Wenn Sie schließlich ein Auge für Details entwickeln, werden Sie plötzlich erstaunliche Dinge in Ihrem Umfeld erkennen, an die Sie früher nicht einmal im entferntesten gedacht hätten.

So beginnt man schließlich die Leute um einen herum einzuschätzen, ganz für sich allein, ohne groß darüber zu reden. Manchmal begibt es sich dann nach einiger Zeit der Beobachtung, dass man sogar sieht ob man recht gehabt hätte oder nicht.

So kann man schließlich die Fähigkeit erlangen, die jedem Kämpfer oftmals sein Leben retten kann, die Firmen vor der Pleite bewahren kann und einen selbst vor den bösen Enttäuschungen des Lebens. Menschenkenntnis!

PSYCHOSPIELCHEN

In dem Kapitel “Blickkontakt” sprach ich ja schon das Thema an, dass manche Leute andere Menschen nur mit ihren Blicken einschüchtern können. Diese Fähigkeit gehört zu einer der vielen hundert möglichen psychologischen Tricks, die nicht nur Shinobi, sondern Kämpfer aller Stilrichtungen und heute auch Geschäftsleute aus aller Welt einsetzen.

Leute, die in diesen Tricks bewandert sind, manipulieren ihr Ziel, weil sie wissen, wie die menschliche Psyche funktioniert. Selbstverständlich kommt es immer auch auf die psychische Stärke des Anderen an, ob solche Tricks funktionieren, aber wenn man die Menschen lange genug beobachtet, erkennt man viele ihrer sich wiederholenden Verhaltensmuster und indem man sie entschlüsselt, kann man dieses Wissen gezielt einsetzen. Dies war eine der besonderen Talente der Shinobi im feudalen Japan aber auch heute kann man noch überall und jederzeit solche Dinge beobachten.

Doch bleiben wir erst einmal im alten Japan. Der Shinobi (ein Mitglied einer alten Kriegerkaste) machte z.B. von dem Wissen Gebrauch, dass seine Zeitgenossen noch eher zu Aberglauben neigten als die Menschen heutzutage. So machten sich schnell Legenden breit, dass Shinobi fliegen, übers Wasser gehen, in einer Rauchwolke verschwinden oder sich in einen Vogel verwandeln konnten. Die Ursachen dieser Legenden konnten durchaus auch in einem Zufall liegen, wie z.B. dass der Shinobi mit einem geschickten Schleichschritt aus dem Blickfeld einer Wache verschwand und im selben Moment zufällig ganz in der Nähe ein Vogel aufgeschreckt wurde. Die verängstigte Wache dachte dann vielleicht im Eifer des Gefechts, dass sich der Shinobi so verwandelt hatte. Doch die Shinobi verstanden es nunmehr fabelhaft an ihrer eigenen Legende zu feilen.

Trug man z.B. eine hölzerne Dämonenmaske unter einem Gesichtstuch und wurde einem dieses herunter gerissen, dachte der Gegner vermutlich im ersten Moment wirklich, er hätte ein Wesen der Unterwelt vor sich. Der Shinobi nutzte diese Angst und die Legendenbildung und verschaffte sich so einen psychologischen Vorteil. Aber es gibt noch ganz viele weitere solcher Tricks im Kampf und im Gespräch und einige möchte ich hier einmal aufzeigen.

Bestimmt hat jeder von Ihnen schon einmal einen Boxkampf gesehen. Die Kämpfer reden oftmals vor dem Kampf großspurig übereinander, machen den Gegner runter, beschimpfen ihn und seine Familie und versprechen wie viele Schmerzen sie ihm zufügen werden. Damit kann man unter

Umständen zwei Dinge erreichen. Ein Gegner mit schwacher Psyche wird eingeschüchtert und ein eingeschüchterter Kämpfer verliert meistens. Oder aber ein Kämpfer mit starker Psyche hat sich nicht unter Kontrolle und wird wütend. Bei Kampfbeginn stürmt er dann erzürnt auf den Gegner los und vergisst dabei sämtliche Vorsicht. Damit ist seine Deckung offen und er ein leichtes Ziel für Konter.

Ein beliebter Trick der Shinobi war auch, sich selbst schwächer erscheinen zu lassen, als man eigentlich war. Deshalb hatte der Shinobi in früherer Zeit auch eine große Anzahl von möglichen Verkleidungen parat. Wer würde schon hinter einem verwahrlosten Bettelmönch oder einem trunkenen Schauspieler einen eiskalten Krieger vermuten?!

Auch diese Taktik findet heute noch durchaus Anwendung. Ein starker Gegner neigt vermutlich dazu, sich zu überschätzen und wenn man es schafft, sich selbst so schwach darzustellen, dass der Gegner unüberlegte Schritte tut, dann kann man ihn vermutlich schnell überwältigen. Dies gilt übrigens auch für den Alltag, wie z.B. im Geschäftsleben, wo so mancher Karrieresüchtiger so in sich selbst verliebt ist, dass man ihn am besten in Sicherheit wiegt, um ihn dann am Ende der Verhandlung zu besiegen.

Gerade in Gesprächen kann man eine Vielzahl solcher

psychologischen Spiele einsetzen. So ist z.B. manchmal bei besonders trickreichen Geschäftsleuten nicht immer der, der am meisten redet, auch der Chef. Der Chef sitzt in solchen Fällen ganz unauffällig am Rand, beobachtet nur und hört zu um sich ein völlig neutrales Bild von den Verhandlungen machen zu können. Am Ende hat er dann mehr gesehen und gehört, als alle anderen Anwesenden und kann eine Entscheidung treffen.

Die schon erwähnten Pausen bei Gesprächen und Verhandlungen können ebenfalls als solche Tricks verwendet werden. Denn abgesehen davon, dass man selbst Zeit zum Nachdenken bekommt, kann man den Gegenüber auch nervös machen oder ihn in falscher Sicherheit wiegen. Manche Leute setzen das z.B. auch ein indem sie gezielt zu spät oder zu früh erscheinen. Gewiefte Manager stehen bei Besprechungen auf einmal vom Tisch auf und beginnen im Raum umher zu gehen. Dabei machen sie nutzlose Dinge wie Vorhänge richten oder Bilder gerade rücken. Sie zeigen den Anwesenden damit, dass sie gelangweilt sind und machen sie nervös.

Man kann mit seinen Trainingspartnern oder Freunden einfach einmal ein paar kleine Spiele machen, um so schnell einige typisch menschliche "Schwächen" aufzudecken. Hier zwei Beispiele, die gerne von Kampfkunstlehrern heran gezogen wurden und teilweise immer noch werden:

1.
Der Lehrer nimmt eine Münze, die jeder kennt und schleift sie auf einer Seite glatt. Dann legt er sie mit der ungeschliffenen Seite nach oben auf den Boden. Wenn nun die Schüler kommen, lässt er diese einen Kreis um die Münze bilden und fragt sie, was sich denn auf der anderen Seite der Münze befindet. Nehmen wir an, es handelt sich um ein typisches Geldstück, bei dem auf einer Seite eine Zahl steht und auf der anderen Seite ein Adler abgebildet ist. Sagen wir weiter, dass der Adler abgeschliffen ist. Die Schüler sehen also nur die Zahl. Einige der Schüler werden nun gar nicht wissen, was sich auf der anderen Seite befindet, weil sie sich die Münze noch nie bewusst angeschaut haben, obwohl sie diese schon viele tausend mal in der Hand hatten. Einige andere Schüler haben vielleicht eine Ahnung und sagen so etwas, wie "ein Vogel" und einige andere Schüler werden wissen, dass es ein Adler ist. Siegessicher antworten sie "ein Adler", weil sie die Übung entweder nicht verstehen oder denken, es handelt sich um eine Übung, bei welcher der Lehrer testet, ob sie eine gute Beobachtungsgabe haben. Aber überraschender weise ist das Geldstück abgeschliffen und zeigt gar nichts als der Lehrer es schließlich aufhebt und umdreht. Was ist also der Lernerfolg? Ganz einfach! Es ist nicht alles so, wie es scheint und nicht immer

alles auch in Zukunft so, wie es in der Vergangenheit war nur weil es eben immer so war. Der Krieger darf sich von solchen Dingen nicht beeinflussen lassen und muss versuchen, den Dingen immer auf den Grund zu sehen und eben auch die schwer zu kalkulierenden Dinge mit in seine Überlegungen einbeziehen.

2.

Der Lehrer steht seinem Schüler gegenüber. Er zeigt ihm einen Gegenstand, sagen wir einen Würfel und hält ihn in der linken Hand. Dann nimmt er beide Hände nach hinten und sagt dem Schüler, er würde den Würfel nun in einer der beiden Händen halten. Der Schüler solle raten in welcher Hand er den Würfel hält. Der Schüler wird nun denken, dies sei ein Test, um zu sehen, ob die Intuition des Schülers so gut ist, zu erraten, in welcher Hand der Lehrer den Würfel hält. Doch der Schüler ist kein Hellseher und so muss er letztendlich einfach raten. Aber er wird denken, dass der Lehrer ihn für fähig hält, solche Wunder zu vollbringen, also wird er versuchen sich zu konzentrieren, um irgendeine "magische" Eingebung zu erhalten. Vermutlich wird er sich nach relativ kurzer Zeit für eine Seite entscheiden. Der Lehrer nimmt den Würfel nun unauffällig in die Hand, die der Schüler aufrief und nickt anerkennend mit dem Kopf. Der Schüler wird nun verwundert über seine eigenen Fähigkeit sein. Der Lehrer wiederholt dieses Spiel nun 3,4 oder auch

5 mal und nimmt den Würfel immer in die Hand, die der Schüler rät. Es wird folgendes passieren. Der Schüler wird vermutlich immer länger dazu brauchen, sich für eine Hand zu entscheiden, da er immer mehr daran glaubt, er könne wirklich die Hand vorhersagen und er immer mehr Angst davor bekommt, seine eigene Siegesserie zu unterbrechen. Denn beim ersten Mal hatte er ja noch nichts zu verlieren. Er hatte ja nicht mal selber geglaubt, die richtige Hand erraten zu können.

Dies war ein weiteres Beispiel, wie der menschliche Geist funktioniert und wie man Leute zu einem Irrglauben verleiten kann und wie man sie verunsichern kann. Natürlich sollte man den Schülern anschließend die Wahrheit sagen. Der Krieger muss in jeder Situation und zu jeder Zeit mit den psychischen Abgründen der menschlichen Seele vertraut sein, um in all diesen Fällen richtige Entscheidungen treffen zu können und sowohl selbst diese Techniken einsetzen zu können, aber sie auch bei Anderen zu durchschauen.

RUHE IN KRISENSITUATIONEN

Jemand sagte einmal, dass Katastrophen immer eine Folge von unglücklichen Umständen sind. Dies soll bedeuten, dass ein Problem alleine meist noch nicht zur Katastrophe wird. Etwa ein Fehler in der Elektronik eines Flugzeuges wird unter Umständen erst zur Katastrophe, wenn der Pilot die falsche Entscheidung trifft, ein Auto welches ins schleudern gerät, prallt erst fatal in die Leitplanke, wenn es der Fahrer nicht versteht, wieder die Kontrolle über das Fahrzeug zu erlangen und falsche Entscheidungen trifft usw.!

Das Problem ist, dass Entscheidungen in solchen gefährlichen Situationen oftmals in Sekundenschnelle getroffen werden müssen. Genau so ist es im Kampf, wenn man sich entscheiden muss, ob man kämpfen muss oder ob es einen anderen Ausweg gibt. Wenn man sich entscheiden muss, welchen Gegner man zuerst ausschalten sollte oder ob man den Tritt des Anderen lieber blocken sollte oder ihm ausweichen sollte.

Ein Krieger kann solche Entscheidungen treffen und er trifft oft die richtige Entscheidung, weil er selbst in der schlimmsten Krisensituation noch relativ ruhig bleibt. Denn eines ist mal klar. Panik hat noch niemandem geholfen. Man muss zu jeder Zeit, in jeder Situation und mag sie noch so ausweglos erscheinen, einen kühlen Kopf behalten, um wenigstens noch eine kleine Chance zu haben, denn wenn man Panik bekommt, ist alles verloren.

Leider ist das wesentlich leichter gesagt, als getan. Denn diese innere Ruhe zu haben und diesen Überblick zu bekommen ist leider ziemlich schwer. Zunächst einmal gibt es natürlich auch hier wieder verschiedene Menschentypen. Manche sind von Natur aus ruhiger und gefasster und andere neigen etwas zur Hysterie. Die erste Kategorie hat es da natürlich einfacher. Aber lernen können beide. Nur ist es schwer dafür Übungen zu empfehlen, die man machen könnte. Denn es ist nicht so, wie etwa wenn man eine Kampftechnik lernt und durch ständige Übung und Wiederholung seine Lektion letzten Endes beherrscht. Nein, denn Krisensituationen kommen immer unverhofft und können völlig unterschiedlicher Natur sein. Ein herannahender Autofahrer, der einen nicht gesehen hat, ein herab fallender Blumentopf, eine versagende Bremse, ein Straßenräuber, ein technischer Defekt, ein Gewitter oder vielleicht auch nur eine schwierige Verhandlung.
Wir unterscheiden jetzt in zwei verschiedene Kategorien:

1.
Die bereits angesprochene Kategorie der Situationen, in

denen man im Bruchteil einer Sekunde richtig reagieren muss.

2.
Die zweite Kategorie lässt einem etwas mehr Möglichkeiten, da man längere Zeit zum überlegen hat. Etwa wie ein Krieger, der in Gefangenschaft geraten ist und sich einen Plan ausdenkt, um zu fliehen.

Die große Gemeinsamkeit der beiden Situation ist, wie schon erwähnt, dass man ruhig bleiben muss. Die Probleme der ersten Kategorie lassen sich am besten durch individuelles Training der entsprechenden Situationen üben. So erlangt man durch langes Kampfsporttraining eine bessere Reaktion, die einem in vielen dieser Ereignisse hilfreich sein kann. Kampftraining lässt einen im Angesicht des Gegners ruhig werden, professionelles Fahrertraining wie es von vielen Firmen angeboten wird, lässt einen auch Routine im Umgang mit dem Fahrzeug erlangen usw. Leider gibt es zu viele unterschiedliche Situationen und man kann sich nicht auf jede individuell gut vorbereiten. Doch ein ruhiges Gemüt kombiniert mit schneller Reaktion helfen hierbei ungemein.

In der zweiten Kategorie muss man ebenfalls lernen, sich in solchen Lagen zurecht zu finden und selbst wenn es auch hier wieder viele verschiedene Konstellationen von

Unglücken geben kann, so bleibt doch eines sicher. Wenn man ruhig nach denkt und die logischen Konsequenzen aus seinen möglichen Handlungen kennt, dann fällt es einem wesentlich leichter sich für den besten Weg zu entscheiden. Als weiteres Beispiel könnte man z.B. einen Geschäftsmann heran ziehen, der Verhandlungen mit anderen Unternehmen führt. Vermutlich wird auch er nach einiger Zeit wesentlich sicherer werden, weil er Übung darin bekommt. Er wurde im Laufe seiner zahlreichen Verhandlungen schon von vielen unvorhersehbaren Wendungen einer Verhandlung überrascht, dass er nun immer schwieriger zu überraschen ist und deshalb ruhiger und gefasster bleibt und damit auch den Überblick über die Situation behält.

ALLE SINNE EINSETZEN

Der Mensch hat ja von Natur aus bereits 5 oder gar 6 Sinne mit in sein Leben bekommen. Dies sind im einzelnen:

- Sehen
- Hören
- Schmecken
- Riechen
- Tasten

und eventuell der sogenannte 6. Sinn.

Bevor wir uns diesem letzteren zuwenden müssen wir aber zunächst über die ersten 5 Sinne sprechen. Denn leider lernt der Mensch normalerweise nicht, diese 5 Sinne gleichmäßig einzusetzen.

Jeder hat bestimmt schon die Geschichten von Blinden gehört, die ein so gutes Gehör haben, dass ihnen selbst geringe Schwankungen in der Stimme eines Gesprächspartners etwas über dessen Stimmung verraten. Warum nun, haben diese Menschen ein so viel besser entwickeltes Gehör? Ganz einfach, weil sie sich nicht auf den von uns bevorzugten Sinn, das Augenlicht, verlassen können. Denn in diesem Sinne ist unser stärkster Sinn, unsere ausgezeichnete Sicht, auch unsere Schwäche. Wir tendieren dazu, vor allem Geruch und Gehör der Sicht unterzu-

ordnen. Hierzu ein Beispiel:
Nehmen wir an, Sie liegen nachts in Ihrem Bett und dösen so vor sich hin. Plötzlich sehen Sie, wie ein Einbrecher durch das Fenster neben Ihnen steigt. In diesem Moment erkennen Sie ganz klar die Tatsache, dass eben ein Einbrecher durchs Fenster steigt. Sie würden dann vermutlich umgehend Maßnahmen ergreifen, um selbiges zu verhindern oder sich zu schützen.

Doch was ist, wenn der Einbrecher durch das Küchenfenster steigt. Dort können Sie ihn nicht sehen. Also hören Sie nur ein leises Scheppern, von dem Blumentopf den er beim Einsteigen umgeworfen hat. Ist Ihnen deshalb auch sofort klar, was passiert? Wahrscheinlich nicht. Erstens “kennen” Sie das Geräusch eines einsteigenden Einbrechers nicht und können es deshalb nicht einwandfrei identifizieren. Dann kommt dann noch das menschliche "Wunschdenken" erschwerend hinzu, welches Probleme und Gefahren weg negiert. Das bedeutet, der Mensch wünscht sich natürlich in diesem Moment, dass es sich nicht um einen Einbrecher handelt. Also selbst wenn man den Gedanken kurz hat, wird man versuchen, andere Erklärungen zu finden, um in Ruhe weiter schlafen zu können, wie z.B. das war die Katze, es war beim Nachbar oder was auch immer. Aber kommen wir zurück zu unserem Gehör.

Wichtig wäre nun einmal zunächst zu erkennen, um welch ein Geräusch es sich handelt. Nämlich einen umfallenden Blumentopf. Leider sind wir oftmals nicht in der Lage Geräusche zuzuordnen. Dies liegt daran, dass wir viele Geräusche, ebenso wie Gerüche nicht wirklich aktiv wahrnehmen, sondern dass wir sie nur als Nebenwerk dessen, was wir sehen, wahrnehmen.

Ein guter Kämpfer muss unbedingt alle 5 Sinne gut entwikkeln. Nur so kann er beispielsweise auch in Dunkelheit noch einigermaßen manöverieren. Nur so kann er unter Umständen einen Gegner erahnen, der sich von hinten nähert, weil er ihn hört, seinen Atem im Nacken spürt oder das aufdringliche Rasierwasser riecht.

Das bedeutet nun, der Krieger muss seine 5 Sinne trainieren, indem er sich beispielsweise immer nur auf einen Sinn konzentriert. Das heißt man schließt die Augen und konzentriert sich z.B. nur auf das, was man riecht oder hört. Solche Übungen sollte man regelmäßig machen, um eine gewisse Routine zu bekommen und letztlich gibt es ja auch tausende von Geräuschen und Gerüchen, die man irgendwie zuordnen können muss.

Kommen wir also nun zum sogenannten 6. Sinn. Dieser wird meist als eine Art Gefühl beschrieben. Das Gefühl, dass heute noch etwas schlechtes passieren wird oder, wie schon an anderer Stelle erwähnt, das Gefühl, dass man von einer anderen Person angestarrt wird. Falls Sie es wirklich noch nie erlebt haben, dann testen Sie es einfach einmal. Sie brauchen sich nur einmal in eine volle U-Bahn setzen und sich eine (am besten ungefährliche) Person heraus suchen, die einige Meter von Ihnen entfernt steht und diese dann anstarren. Mit aller größter Wahrscheinlichkeit wird sie sich nach kurzer Zeit umdrehen und versuchen zu erkennen, was nicht stimmt. Und das Tolle ist, dies funktioniert selbst bei Personen, die ihre Sinne nicht übermäßig entwickelt haben.

Stellen Sie sich also einmal vor, was passieren könnte, wenn eine Person ihre Sinne bis ins kleinste Detail entwickelt. Was könnte sie nicht alles sehen, hören, schmecken, riechen und erahnen. Wäre es nicht unglaublich schwer, so eine Person zu überraschen?!

So gibt es zum Beispiel die Geschichte, dass einer der höheren Dan Tests bei den Shinobifamilien des alten Japans war, dass sich der Prüfling vor seinen Lehrer auf den Boden setzte, mit dem Rücken zu ihm. Der Lehrer hielt ein Schwert in seinen Händen und irgendwann schlug er ohne Vorwarnung zu. Der Prüfling spürte dies und wich zur Seite aus und die Klinge sauste ins Leere. Das ist allerdings keinesfalls zur Nachahmung empfohlen, da man bei einem Fehler natürlich gestorben ist. Aber denken Sie nach, wie viel einfacher ein Kampf zu gewinnen wäre, wenn man solch ein Wahrnehmung entwickeln könnte.

SELBSTDISZIPLIN

Um jederzeit den Überblick behalten zu können, ruhig zu bleiben, sich selbst nicht zu verraten und auch Schmerzen oder Ermüdung ertragen zu können, bedarf es großer Selbstdisziplin. Alten Legenden zufolge konnten die Shinobi früher weiter laufen, schneller schwimmen und besser klettern als alle anderen. Sie konnten stundenlang in einem Versteck ausharren, ohne sich zu bewegen, auch die härteste Folter ertragen und notfalls auch längere Zeit ohne Nahrung überleben.

Natürlich ist es heute müßig, darüber zu diskutieren, wie groß der Wahrheitsgehalt dieser Geschichten ist, da man ihn ohnehin nicht mehr nachprüfen kann. Tatsache ist jedoch, dass ein Mensch mit guter Selbstkontrolle wesentlich mehr Möglichkeiten hat, als ein Mensch der sich selbst nicht im Griff hat. Ganz nach dem Motto, wie soll jemand andere Menschen beeinflussen können, der sich nicht einmal selbst kontrollieren kann?!

Zur Selbstkontrolle gehören Dinge wie Geduld beim Lernen, aber auch beim Ausführen einer Sache. Zurückhaltung beim Essen und Trinken, denn ein betrunkener Shinobi wäre womöglich schnell enttarnt worden. Die eigene Zunge im Zaum halten und nicht zu jeder Sache seine Meinung äußern.

Selbstdisziplin bedeutet aber z.B. auch, jeden Tag wieder zum Training zu gehen, auch wenn man müde ist oder keine Lust hat. Raus ins Freie zum Laufen zu gehen auch wenn es regnet und keine Ausreden vor sich selbst zu suchen um eine bestimmte ungeliebte Sache heute einmal nicht tun zu müssen. Für einen professionellen Shinobi bedeutet jeder Tag ohne Training einen Rückschritt, egal ob man nun lernt zu kämpfen oder ob man eine neue Sprache lernt, Gesangsunterricht nimmt oder einen Buchhaltungskurs macht. Zum Erfolg führt letztlich immer nur Selbstdisziplin, die einen zwingt seinen Weg weiter zu gehen und nicht mitten drin aufzuhören und mitten auf dem Weg stehen zu bleiben.

Kommen wir zu einem Beispiel:
Sagen wir es gibt die Kampfsportler A und B. Beide haben vor 5 Jahren mit dem Training begonnen. Fragt man sie wie lange sie es denn schon machen, antworten beide 5 Jahre. Das ist aber natürlich nur die halbe Wahrheit.

Denn A geht normalerweise zwei mal die Woche ins Training zu je neunzig Minuten. Manchmal kommt er auch zu spät, weil er den Bus verpasst. Im Sommer fliegt er vier Wochen in die Ferien und ist gar nicht da und wenn es draußen sehr stark schneit oder stürmt, dann kommt er auch nicht, weil er ja fünf Minuten zu Fuß zur Bushaltestelle gehen muss. Außerdem hat er noch einmal im Monat an einem der Trainingstage seinen Skatabend, “wo er auch nicht kann”. B hingegen nutzt immer alle drei angebotenen Trainings a neunzig Minuten zum Training. Außerdem geht er noch einmal die Woche eine Stunde schwimmen als Ausgleich. Er lässt das Training eigentlich nur ausfallen, wenn er wirklich sehr krank ist, was aber eigentlich nie vorkommt.

Man sieht ganz schnell, fünf Jahre hat schon einmal keiner von beiden trainiert, weil sie ja nicht Vollzeit Kampfsportler sind, sondern nur ab und zu abends ins Training gehen. Aber trotzdem hat B vermutlich doppelt so viel trainiert, wie A. A`s Ausreden wie das schlechte Wetter auf dem Weg zum Bus und das zu spät kommen, sowie die Tatsache, dass er nur zwei mal die Woche kommt, zeigen deutlich mangelnde Selbstdisziplin auf. Dabei spielt natürlich auch der Spaß, den wir an einer Sache empfinden, eine Rolle. Denn lieben wir eine Beschäftigung, dann brauchen wir wesentlich weniger Selbstdisziplin, um sie auszuführen. Jedoch ist es gerade bei sportlichen Betätigungen meiner Erfahrungen nach so, dass keiner immer Lust hat, weil selbst der Motivierteste manchmal nur langsam Fortschritte macht und weil sich die Trainingsinhalte oft wiederholen. So ist es also doch wieder eine Frage der Selbstdisziplin.

Genau so verhält es sich mit allem, was wir tun. Wir erfinden zahllose Ausreden, um etwas nicht tun zu müssen, aber der Shinobi weiß, dass man etwas nur dann erlernen kann oder vollbringen kann, wenn man wirklich zu einhundert Prozent daran arbeitet. Wenn man sich jeden Tag wieder zwingt, sich zu verbessern. Deshalb darf man auch nur auf seine eigenen Verbesserungen schauen und nicht neidisch auf andere blicken. Denn die haben entweder mehr Talent in dieser einen Sache oder aber, was sehr wahrscheinlich ist, mehr Selbstdisziplin und deshalb machen sie auch schnellere Fortschritte. Überhaupt sind alle die alltäglichen Eifersüchteleien und Neidereien meist nur ein Mangel an Selbstdisziplin, da man anderen Leuten Dinge neidet, für die man selbst nicht bereit ist, die entsprechende Arbeit zu investieren.

SCHAUSPIELTALENT

Leider ist es nicht immer möglich wie ein Ritter in glänzender Rüstung durch die Welt zu gehen und immer nur die Wahrheit zu sagen und aufrecht und ehrlich zu sein. Das wäre selbstverständlich der Idealfall und wir alle sollten danach streben immer so aufrecht und ehrlich wie möglich zu sein. Leider jedoch ist die Welt nicht perfekt und das wussten auch schon die früheren Krieger. Sie lernten, dass sie siegen mussten, um zu überleben. Denn wenn man gesiegt hatte, fragte keiner mehr nach dem wie, aber wenn man verloren hatte, dann war man tot. Das ist auch die alte Regel der Kriege. Der Sieger hat immer recht, egal was er getan hat und die Verlierer werden vors Kriegsgericht gestellt.

Das bedeutet jetzt aber nicht, dass jeder Krieger oder Soldat ein unmenschliches Monster war bzw. ist, dem jedes Mittel recht ist. Aber schon die Shinobi waren sich darüber im klaren, dass sie manchmal zu außergewöhnlichen Maßnahmen greifen mussten, um eine Mission zu erfüllen.

In der heutigen Literatur wird das Bild des alten Japans meist sehr einseitig dargestellt. Der Shinobi war der Böse, der heimtückisch Menschen von hinten umbrachte und der Samurai war der Gute, der nach einem ritterlichen Ehrenkodex lebte. So eine Verallgemeinerung ist natürlich zunächst einmal schlecht, weil es mit Sicherheit bessere und schlechtere Menschen in beiden Gruppen gab und man sollte sich z.B. einmal die Frage stellen, ob ein Samurai, der von seinem Recht Gebrauch machte einen einfachen Menschen einfach so zu töten, weil ihm dessen Nase nicht gefiel oder er die Schärfe seines Schwertes testen wollte, ob so ein Samurai wirklich so nobel war.

Um es mit solch einer mächtigen Kaste, wie der der Samurai aufnehmen zu können, musste sich der Shinobi also oftmals verkleiden und verstellen.

Schließlich tun wir heute auch nichts anderes. Wenn uns eine ungeliebte Tante anruft, um sich mit uns zu treffen benutzen wir eine Ausrede und rechtfertigen das dann als Notlüge. Wenn uns mitten in der Nacht ein nervender Bekannter anruft, ob wir nicht noch mit ihm weg gehen möchten, benutzen wir wieder eine Ausrede. Wir schauspielern. Wir täuschen Schmerzen, Kopfweh, eine Erkältung vor oder geben vor, bereits eine andere wichtigere Verabredung zu haben. Überall hier nutzen wir bereits unser Schauspieltalent. Der Shinobi nun, hat dieses einfach weiter entwickelt und perfektioniert.

Er war ein Meister der Verkleidung, überlegte sich kompliziertere Geschichten, die er mit Fakten oder anderen

Beweisen belegen konnte. Er integrierte dritte Personen in seine Geschichte, welche die selbige bestätigen konnten. Er informierte sich im Vorfeld darüber, welche Geschichte bei welchem Personenkreis Anklang finden könnte und statte sich mit entsprechenden Dokumenten aus.
Das ist natürlich für den Normalbürger keineswegs besonders sinnvoll oder nachahmenswert. Trotzdem gibt es einzelne Dinge, die immer noch ratsam sind, wie z.B. die umfassende Information über geschäftliche Gepflogenheiten über fremde Länder, in die man als Geschäftsreisender fliegen muss.

Abgesehen davon kann man üben, in verschiedene Rollen zu schlüpfen, um zu lernen, sich auch auf unbekanntem Terrain sicherer zu bewegen. Auch hier kann man natürlich wieder üben. Dies tut man am besten mit sogenannten Rollenspielen. Man trifft sich mit einigen Freunden und macht z.B. aus, sich bis zum nächsten Treffen eine neue Identität zuzulegen und diese dann über das ganze Treffen hinweg aufrecht zu erhalten. Oder man setzt sich an einen Tisch und führt Gespräche oder Verhandlungen über ein imaginäres Thema. Dabei bekommt jeder vorher einige Minuten Zeit, sich seine Rolle genau zu überlegen oder vielleicht sogar mehrere Tage Zeit, um sich wirklich optimal darauf vorzubereiten.

Heute wird so etwas oftmals im Zusammenhang mit Bewerbertraining gemacht, um sogenannte Vorstellungsgespräche zu simulieren. Das Prinzip ist aber das gleiche. Eine fiktive Situation wird nachgestellt und letztendlich ist es ja heute sogar bei der richtigen Bewerbung auch ein Schauspiel. Der Personalchef arrangiert ein Bewerbungsgespräch oder vielleicht sogar ein Assesment Center und der oder die Bewerber kommen und verkaufen sich so gut wie möglich. Mit Glück haben sie nämlich vorher schon eines oder mehrere Bewerbertrainings hinter sich gebracht und antworten nun auf die immer wieder gleichen oder ähnlichen Fragen nach festgelegten Mustern. So gibt es feste Vorschläge für die beliebten Fragen "Was sind Ihre Stärken und Schwächen", "Was sind Ihre Hobbys", usw. Der gute Bewerber kennt die Antworten und weiß, dass er nur Schwächen sagen darf, die man auch als Stärken auslegen kann wie z.B. "Ich bin manchmal zu ungeduldig oder ich bin manchmal zu sehr ein Perfektionist", er weiß auch, dass man nicht zu viele Hobbys haben darf und dass sich Hobbys, bei denen man sich in Gruppen engagiert, immer gut machen. Schließlich will man ja nicht als verschrobener Eigenbrödler dastehen. Dieses Spiel geht immer weiter. Schließlich garantiert der Bewerber dem Personalchef, dass er ja schon immer in einem Unternehmen arbeiten wollte, welches Klobrillen herstellt, weil Sanitärartikel ihn immer schon besonders interessiert haben und

Buchhaltung ist ohnehin seine große Leidenschaft. So spielen alle ihre Rolle und der, der sie am besten spielt, hat gute Chancen den Job auch zu bekommen.

Ganz abgesehen davon braucht man manchmal auch viel Schauspieltalent, um sich selbst zurück zu nehmen und die bereits angesprochene Taktik, des unwissenden Neulings anzuwenden. Schließlich ist es in unserer Gesellschaft leider so, dass Neulinge mit großem Wissensvorsprung von bereits fest existierenden Gruppen meist nur widerwillig akzeptiert werden, bzw. im ungünstigsten Fall sogar weg gemobbt werden. Dies hat einen ganz einfachen Grund, der in der menschlichen Natur verankert ist.
Egal ob Sportverein, Firma oder Freundeskreis. Ein "Neuer" oder eine "Neue" geben dem bereits fest eingespielten Kreis auch neue Herausforderungen. Die Verhältnisse zwischen den einzelnen Mitgliedern der jeweiligen Gruppe verschieben sich. Ganz besonders schlimm wird dies, wenn der Neuankömmling mehr weiß oder mehr kann, auf einem Gebiet welches für die Gruppe wichtig ist. Denn in der Vergangenheit haben sich alle in der entsprechenden Gruppe einen gewissen Status erkämpft und gerade die, die sich einen hohen Status erkämpft haben, kommen meist nicht damit klar, wenn ein Neuling dieses Machtgefüge erschüttert und sich (vielleicht sogar ganz unabsichtlich) vor sie drängt. Hierzu zwei kurze Beispiele:

1.

In einem seit vielen Jahren existierenden Kampfsportverein hat sich über die Jahre hinweg eine gewisse Hackordnung eingestellt. Die Schwarzgurte beherrschen die Schule nach belieben und dominieren in den Übungskämpfen. Ein Neuling kommt zum Training. Er kommt herein und verkündet, dass er bereits über zehn Jahre Erfahrung hat und gerne am Kampftraining teilnehmen würde. Es gibt nun eigentlich nur zwei Möglichkeiten. Die anwesenden Schwarzgurte halten ihn für einen Angeber und stellen ihm gleich den gefährlichsten Kämpfer entgegen, um den Neuen in seine Schranken zu weisen. Oder aber, wenn sie das nicht schaffen, dann werden sie hinter seinem Rücken intrigieren, weil sie es furchtbar finden, dass ein Neuer da ist, der sie auf einmal schlagen kann. Sie erkennen nicht, dass sich hier eine Möglichkeit bietet, zu lernen. Sie wollen nur weiterhin ihren sozialen Status in der Gruppe aufrecht erhalten. Natürlich kann es auf der anderen Seite einige niedriger gradierte Schüler geben, die den "Neuen" schnell in ihr Herz schließen, weil sie die "alte Garde" eh nie mochten. Aber das wird dem Neuen nicht viel helfen, wenn die "Mächtigen" des Vereins gegen ihn sind.

2.

Ein neuer Mitarbeiter wird in einer Firma eingestellt, sagen wir als Abteilungsleiter des Marketings. Schnell wird klar, dass der Neue ungewöhnliche Fähigkeiten hat, die er mit andauernden Erfolgen und unstillbarem Tatendrang auch belegen kann. Was wird wohl passieren? Mit allergrößter Wahrscheinlichkeit bekommen alle ihm Vorgesetzten ganz schnell Panik und man wird versuchen den Neuen weg zu mobben. Mit Hilfe und Unterstützung kann er vermutlich bald nicht mehr rechnen, da sein Hauptabteilungsleiter Angst bekommt um seine eigene Position, einige andere Abteilungsleiter es gar nicht gerne sehen, wenn es sich abzeichnet, dass ein Neuer unter Umständen schneller befördert wird, als sie selbst und weil einige ihm Unterstellte wahnsinnig sauer sind, weil sie den Job nicht selbst bekommen haben. Somit schaffen es die durchschnittlichen Nichtskönner üblicherweise sämtliche Könner ganz schnell wieder aus einer Firma zu vergraulen. Sie klonen sich eben lieber selbst und versanden in ihrer Mittelmäßigkeit, als sich ihr gemütliches, routiniertes Leben von einem Neuen versauen zu lassen.

So ist es also nun einmal. Eifersucht, Ängste und Mißgunst dominieren oftmals den Alltag. Deshalb empfiehlt es sich hier für den Neuling, erst mal ein wenig zu schauspielern. Er muss erst die Strukturen in so einer Gruppe durchschauen, sich dümmer stellen als er ist, signalisieren “ich bin keine Gefahr” und von dem überheblichen Geschwätz der Alteingesessenen lernen, um sich dann, wenn er den Überblick hat, langsam zu entfalten. In Beispiel eins wäre es also z.B. wesentlich sinnvoller gewesen zu sagen "Ja, ich habe ein wenig Kampfsporttraining gemacht, nichts besonderes und nicht lange", anstatt gleich die Karten auf den Tisch zu legen. Natürlich muss man dann auch ein entsprechendes Verhalten an den Tag legen und erst einmal vorsichtig und zurückhaltend sein.

Und überhaupt wird diese Art des Schauspiels auf vielen Feldern weitläufig genutzt oder was denken Sie, wieviel Schauspieltalent ihr Autoverkäufer eingesetzt hat, um Ihnen ihren Wagen zu verkaufen?!

DER BLICK FÜR DAS WESENTLICHE

Ein Shinobi, Agent oder Spion zeichnet sich noch durch ein ganz anderes Talent aus. Er bemerkt jede wichtige Kleinigkeit, er sieht Dinge, die anderen verborgen bleiben und er schafft es so, Lügen aufzudecken, Feinde zu enttarnen und selbst am Leben zu bleiben. Er hat einen Blick für Details. Nur so kann man Verkleidungen erkennen, einiges über das Leben eines anderen Menschen erfahren und feststellen, ob z.B. jemand etwas von einem Platz entfernte und wieder zurück legte oder ähnliches.

Dabei ist natürlich das erste Kriterium, dass man lernt, wichtige Details von unwichtigen zu unterscheiden. Denn wenn man verkrampft versucht, alles und jedes zu sehen und einzuordnen, dann entgehen einem vermutlich die wirklich wichtigen Sachen. Im Folgenden ein paar Beispiele, die einem vielleicht helfen, ein besseres Wahrnehmungsvermögen zu entwickeln:

1.
Wie schon erwähnt, kann man einiges aus dem Blickkontakt schließen, den andere Leute herstellen oder auch nicht.

2.
Die Kleidung eines Menschen kann Aufschluß über ihn und

seine Gewohnheiten geben. Dabei ist es natürlich kinderleicht zu sehen ob die Kleidung elegant, sportlich, leger oder gar verwahrlost ist. Schwieriger wird es schon, die Qualität der entsprechenden Kleidungsstücke einzuschätzen, um dadurch evtl. eine Idee über die Vermögensverhältnisse des anderen zu bekommen. Schließlich muss man beginnen, auf Kleinigkeiten zu achten. Sind die Schuhe zum Anzug gepflegt oder schmutzig?! Oder sind es gar Billigmodelle mit Gummisohle? Ist die Uhr genau so teuer, wie der Anzug vermuten lässt? Wie ist die farbliche Abstimmung der Garderobe? Ist die Krawatte richtig gebunden? Haben Sakko und Hemd die richtige Ärmellänge? Passen hier mehrere Dinge nicht zusammen, dann ermöglicht dies dem geübten Auge, den Gegenüber ganz anders einzuschätzen, als wenn man sich einfach von dem dunklen Anzug blenden lässt.

3.
Ein weiteres Merkmal sind die sichtbaren Körperstellen. Sind die Fingernägel sauber und gepflegt oder schmutzig und abgekaut? Sind die Haare fettig und sind sie überhaupt richtig geschnitten? Sind Schuppen auf dem Jackenkragen? Wie sieht es mit der Haut im Gesicht aus und wie ist die Rasur? Bei Frauen kommt dann noch das Make up und die gesamte Schminke dazu, über deren Anwendung man urteilen kann. Und letztlich bei beiden Geschlechtern

die Verwendung von Duftwässerchen. Wurde überhaupt eines verwendet und wenn ja, wurde es sorgsam aufgetragen oder übertrieben versprüht und im besten Fall erkennt man die Marke am Geruch.

4.

Wenn Sie zu jemanden in die Wohnung kommen, dann verrät diese Wohnung einem eine Unmenge Dinge über die Person. Ist sie ordentlich? Welche Dinge mag sie gerne? Welchen Möbelstil bevorzugt sie, was für ein Geschirr hat sie, welche Bilder hängen an der Wand? Und am aller wichtigsten: Persönliche und nicht repräsentative Zimmer wie das Badezimmer. Sollten Sie die Möglichkeit haben, zu einer fremden Person ins Badezimmer zu gelangen, dann liegt praktisch das ganze Leben der Person vor ihnen. Denn das Badezimmer ist nicht dafür gedacht, es dem Besucher zu präsentieren, wie etwa das Wohnzimmer. Deshalb wird hier am ehesten geschludert. Außerdem kann man sich anhand der Kosmetikprodukte und dem Zustand der im Bad befindlichen Artikel ganz schnell ein ungefähres Bild über die Person machen.

5.

Fast so gut wie das Bad ist auch der Kühlschrank. Nach dem Motto Du bist was Du isst, kann man sich auch hier wieder ein Bild über die Person machen. Das funktioniert natürlich auch bei einem Blick in den Einkaufswagen im Laden.

Warum tut man so etwas? Warum nimmt man nun Leute so genau unter die Lupe?! Ganz einfach, weil einem die meisten Leute etwas vormachen. Sie wollen reicher aussehen, ärmer, mächtiger oder überlegener. Sie wollen etwas repräsentieren und schlampen meist an der einen oder anderen Kleinigkeit. Solche Kleinigkeiten zu erkennen ist überlebenswichtig für einen Krieger, aber es ist auch mehr als hilfreich für jedermann im alltäglichen Leben und gerade im wirtschaftlichen Alltag.

Legt man beispielsweise einen wichtigen Vertrag auf seinen Schreibtisch und verlässt das Büro für einige Zeit, dann kann man sehr schnell sehen, ob der andere einen Blick riskiert hat, wenn man sich genau merkt wie der Vertrag lag und der andere nicht peinlich genau darauf geachtet hat, ihn exakt so, wie er war, wieder zurück zu legen.

Man kann erkennen, wenn einen die Freundin betrügt, indem man die leere Bierdose im Müll sieht, die verrauchte Luft riecht und dass, obwohl sie Nichtraucherin ist oder weil man Dinge im Kühlschrank findet, die sie niemals essen würde. Erzählt sie, sie sei deswegen Mittag nicht zuhause gewesen, weil sie mit einer Freundin beim Essen war, aber man findet Essensreste im Müll oder dreckiges Geschirr im

Geschirrspüler, so kann man schnell dahinter kommen, dass diese Aussage eine Lüge war.

Eine gute Übung ist beispielsweise einen Schrank mit einigen Produkten kurz aufzumachen, ihn wieder zu schließen und sich zu erinnern, was sich darin befand oder sich automatisch zu merken, wie viele Treppen es hinauf in den ersten Stock sind. Leider sind die meisten Menschen von Haus aus nicht besonders aufmerksam, so trifft man sich hundert mal mit seinem besten Freund und kennt seine Augenfarbe nicht, man weiß nicht, welches Auto der Nachbar fährt und ist sich auch nicht sicher, wie viele Etagen das Nachbarhaus hat. Dies passiert alles, weil man nicht wirklich aufmerksam durch das Leben geht, man übersieht die Details, um das große Ganze zu sehen. Dabei würden einem die Details doch soviel mehr verraten.

DEN MOMENT ERLEBEN

Manchmal begegnet man alten Meistern, egal ob sie Meister des Kampfes oder manchmal auch religiöse Menschen oder erfahrene und erfolgreiche Geschäftsleute sind und diese haben eine unglaubliche Präsenz. Sie erfüllen geradezu einen Raum mit ihrer Anwesenheit. Viele fragen sich wieso das so ist, wie sie das machen?! Nun, wenn die Antwort so einfach wäre, könnte es ja jeder. Jedoch ist ein Merkmal zu entdecken, welches sich immer wieder wiederholt. Diese Meister tun das, was sie tun, mit ihrem ganzen Herzen!

Ich meine nicht, sie sind z.B. Kampfsportmeister mit ganzem Herzen, das auch, aber sie erleben jeden Moment mit ganzem Herzen.

In Japan versuchen solche Menschen manchmal über die einfachsten Tätigkeiten zur Erleuchtung zu kommen. Ein greiser Meister mit hunderten von Schülern kehrt selbst im Morgengrauen seinen Hof. Warum tut er das und lässt diese niedere Arbeit nicht von einem seiner Schüler verrichten? Nun er kehrt den Boden mit seinem ganzen Herzen. Sein Geist ist momentan nicht woanders, sondern er ist hier, beim Boden fegen. Es ist also eine Art Meditation für ihn. Schafft man es, so fokussiert an eine Tätigkeit heran zu gehen, dann kann man praktisch alles schaffen.

Besonders deutlich wird dies beim trainieren. Manche Lehrer ermahnen ihre Schüler, auch die Katas und Formen immer so zu machen, als würden sie kämpfen, mit Kraft und Geschwindigkeit. Dies ist natürlich richtig, aber nur die halbe Wahrheit. Denn besonders wichtig ist der Fokus bei allen diesen Übungen. Macht der Schüler eine Form, dann muss er sich wirklich vorstellen er kämpft. Er muss nicht nur jede Bewegung schnell und hart ausführen, nein, viel wichtiger, er muss seinen ganzen Geist, seinen ganzen Willen und seine vollkommene Konzentration in diese Form zu diesem Zeitpunkt legen. Dann kann es ihm gelingen, seine Technik durch diese Form zu verbessern. Die Form wird zur Kunst. Schließlich wird jeder früher oder später eine gewisse Ausstrahlung von dem Schüler spüren, wenn er seine Form läuft, da er all seine geistige und körperliche Kraft in sie legt. Man könnte auch sagen, er erfüllt die Form mit Leben.

Dies ist der erste Schritt auf dem Weg, dieses "Erleben" auch in anderen Lebensbereichen zu finden. Egal ob es das Boden fegen ist oder vielleicht das Streichen einer Wand. Wird der Schüler schließlich immer besser darin, wird seine Ausstrahlung wachsen und er wird alle seine Dinge richtig tun. Dies ist vielleicht eine der größten Möglichkeiten und Herausforderungen, die nicht nur die Shinobi, sondern alle Kampfkünstler in den Kampfsportarten finden konnten und können. Selbstverständlich kann man dies auch durch die Ausübung anderer Tätigkeiten erlangen, aber die Kampfkünste bieten eine hervorragende Möglichkeit.

DER LEERE GEIST

Von vielen Autoren zitiert und auch von mir immer wieder angesprochen, kann man diesen Punkt gar nicht oft genug ansprechen und immer wieder in die Köpfe der Menschen zurück bringen. Ein leerer Geist bedeutet, dass man an nichts denkt. Versuchen Sie einmal kurz an nichts zu denken - das ist gar nicht so einfach -. Meist fallen einem bereits nach wenigen Sekunden alle möglichen Dinge ein und selbst wenn man denkt "ich denke jetzt an nichts", dann denkt man ja nicht nichts, sondern man denkt, dass man an nichts denken soll. Dies ist ein großer Unterschied. Die Japaner nennen diesen Zustand "Mushin".

Gehen wir einmal zurück in die Zeit des feudalen Japans. In die Zeit der Samurai, der Shinobi und Fürsten. Trafen sich zwei Samurai zu einem Duell sah das etwa folgendermaßen aus:

Samurai A und Samurai B traten sich gegenüber. Manche hatten sogar das Schwert noch in der Scheide. Sie brüllten sich die Namen ihrer Vorfahren, ihrer Familie oder den ihres Clans ins Gesicht um dem anderen Angst zu machen. Dies war bereits eine Art psychologisches Spiel, wie wir ja schon gehört haben. Dann, in Sekundenschnelle, versuchten beide sich gegenseitig zu treffen. Dabei kam es oftmals gar

nicht zu einem "Gefecht", wie man es in Filmen sieht, sondern beide schlugen einfach zu und entweder einer wurde getötet oder manchmal auch beide.
Die Möglichkeit so einen Kampf unverletzt zu gewinnen ist ebenso schwierig, wie etwa ein Revolverduell im wilden Westen. Denn es kommt bei weitem nicht nur auf die Geschicklichkeit des Kämpfers mit der Waffe an.

Nein, es kommt auf den Geisteszustand an. Hat man Angst, dann beginnt man zu zögern. Hadert man um sein Leben, wird man unsicher und verspürt man Wut oder den Wunsch zum Sieg, dann macht man meist Fehler, weil man eben zu viel nachdenkt. Ein Kampf geht zu schnell von statten, eine Schwertklinge oder eine Kugeln zerschneiden die Luft in wenigen Millisekunden und schon fällt man tödlich getroffen zu Boden. Da ist kein Platz für Gedanken irgendwelcher Art.

Ein perfekter Krieger ist deshalb eiskalt. Sein Leben ist ihm egal. Er kennt die Gefahren des Kampfes, er weiß um die Möglichkeit, zu sterben und er hasst seinen Gegner nicht. Er findet sich einfach in einer Situation wieder, in einer Situation des Kampfes. In einer “Leben oder Tod” Situation.

Der Krieger findet sich damit ab und beginnt nicht mit seinem Schicksal zu hadern. Sein Geist ist frei von sämtlichen Gedanken und er erlebt ganz einfach diese Situation, wie im letzten Kapitel beschrieben. Das faszinierende daran ist, dass der Krieger, der sich nicht um sein Leben sorgt, meist überlebt.

So waren die Kämpfer mit Todesverachtung meist die gefürchtetsten Krieger der Geschichte oder wie anders wäre es sich z.B. zu erklären, dass die Samurai zu Weltruhm kamen, ebenso wie die Wikinger, die glaubten der Tod im Kampf wäre das ultimative Lebensziel.

Dieser leere Geist ist also eines der unbedingten Ziele des Shinobis und damit die logische Fortführung von Dingen, wie "Ruhe in Krisensituationen" und "den Moment erleben". Denn nur durch diesen leeren Geist kann man ein Stadium der absoluten Konzentration auf diesen Moment erreichen. Im japanischen nennt man diesen Moment "Zanshin".

Erreicht man Zanshin, dann ist man so fokussiert, dass man dominiert.

Zanshin erreicht man am besten als Folge von Mushin.

Das heißt man denkt an nichts, um den Moment mit maximaler Intensität zu erleben und eine Art maximaler Aufmerksamkeit zu erreichen.

Schafft man es, dieses Stadium zu erlangen, dann sind alle Herausforderungen im Leben nur noch halb so schlimm. Denn man fürchtet sich nicht mehr vor ihnen, man begegnet ihnen und löst sie mit maximaler Konzentration, was natürlich auch maximale Effizienz bedeutet. Dies bedeutet aber leider nicht, dass man unbesiegbar oder unverwundbar wird. Selbstverständlich gibt es immer irgendwo irgendwen, der einem überlegen ist.

Aber bei Erreichen dieses Stadiums, kann man wenigstens in der oberen Klasse mitspielen und das Risiko auf überlegene Gegner zu treffen wird wieder etwas kleiner.

Wie schon erwähnt, lässt sich dieser Vorteil nun in allen möglichen und erdenklichen Situationen nutzen. Hierzu nun drei Beispiele aus völlig verschiedenen Lebenssituationen:

Man wird auf einem Volksfest von einem breitschultrigen Schlägertypen an der Jacke gepackt und es zeichnet sich eine Schlägerei ab.

Hier ist die Erklärung am einfachsten. Wie bei dem Duell der Samurai, können Sie nur richtig reagieren, wenn Sie einen kühlen Kopf behalten. Wenn Sie nun noch Zanshin erreicht haben, also eine maximale Aufmerksamkeit in dieser Situation besitzen, dann werden Sie außerdem noch sämtliche Möglichkeiten ganz klar vor ihrem Auge sehen, sämtliche Öffnungen in der Deckung des Gegners und Sie werden wissen, dass es eigentlich ziemlich dumm von diesem Typen war, Sie mit beiden Händen an der Jacke zu packen, denn so haben Sie nun jede Menge Möglichkeiten sich zu verteidigen, da seine beiden Hände ja bereits beschäftigt sind, während Ihre Hände und Füße noch frei sind. Diese kühle Kalkulation der Situation ermöglicht sich uns aber nur, wenn wir Mushin und Zanshin erreicht haben.

Sie sitzen bei einem Test und müssen einen Testbogen mit mehreren Fragen ausfüllen.

Wie viele von uns sind schon durch Prüfungen gefallen, weil sie Prüfungsangst hatten?! Alles was man mühsam wochenlang gelernt hatte, war auf einmal wie weg geblasen! Außerdem verplemperte man während der Prüfung noch wertvolle Minuten mit panischem Nachdenken über die Folgen, wenn man sie nicht bestehen würde. Mir ist das selbst schon einige Male passiert und ich kann sagen, es ist wirklich das Dümmste was man tun kann. Geht man nun mit der gleichen Emotionslosigkeit in die Prüfung, wie in den vorher beschriebenen Kampf, dann verplempert man weder Zeit mit sinnlosem Nachdenken über Folgen, noch vergisst man alles gelernte. Nein, man kann endlich alles gelernte anwenden, man geht richtig in der Situation auf!

Sie sitzen in einer Verhandlung. Sie wollen die Firma der anderen Partei aufkaufen und feilschen um den Preis.

Wenn Sie nervös in so eine Verhandlung gehen, haben Sie ohnehin schon verloren. Ihr Gegenüber wird schnell bemerken, dass Sie sich ihrer Sache nicht sicher sind und dann dutzende von Argumenten bringen, die den Preis in die Höhe treiben werden. Wenn Sie es schließlich schaffen, Ihre Nervosität in den Griff zu bekommen, aber nicht voll auf die Verhandlung konzentriert sind, werden Ihnen Kleinigkeiten entgehen. Kleinigkeiten, die vielleicht etwas über die Absichten Ihres Verhandlungspartners aussagen. Ist er selbst nervös? Rutscht er auf seinem Sitz hin und her, wohin ist sein Blick gerichtet, was macht er mit seinen Händen usw. Erreicht man Zanshin, erkennt man solche Kleinigkeiten, denn man ist ganz auf diese Verhandlung fixiert. Man verhandelt, als würde es nichts anderes im Leben geben. Man vermittelt den Eindruck, das alles was man im Leben gelernt hatte, genau dazu gut ist, diesen Moment zu erleben, aber eben immer ohne genau das erzwingen zu wollen.

Sie sehen, es ist gar nicht so einfach zu erklären, aber immer wieder bei verschiedenen Menschen zu beobachten, die in einer Sache ganz besonders gut sind.

Nicht nur bei Kriegern, sondern z.B. auch bei einem unglaublichen Musiker, der seit 20 Jahren im Geschäft ist, weil ihm die Lieder gerade so aus der Feder fließen, bei einem Modeschöpfer der immer wieder die besten Kreationen entwirft, weil er einfach die Trends der Zeit schneller erkennt, als sie passieren und somit zum Trend Setter wird oder beim Schauspieler, der nach 30 Jahren Kinoerfahrung immer noch gute Filme macht, weil er die Leinwand alleine durch seine Präsenz erfüllen kann.

Dies alles sind nur einige Beispiele für Leute die zumindest in ihrer Kunst das vermutlich höchste Stadium erreicht haben. Sie leben ihre Kunst, sie atmen sie, sie sind sie.

WIE KANN ICH LERNEN?

Nach dem eingehenden Studium der letzten Seiten, fragt man sich schließlich, wie kann ich das alles lernen? Wie kann ich diese Fähigkeiten erlangen?

Nun, das ist zwar nicht ganz einfach, aber auch nicht unmöglich. Beginnen wir einmal mit der Grundlage des Buches. Die Grundidee war ja, dass sich die nötigen Fähigkeiten im Kampf und in normalen Leben oftmals ähneln. Deshalb basiert das Buch auch auf den Erfahrungen von Kriegern. Der Shinobi und der Samurai waren zwei der perfektesten Kämpfer, die mir bekannt sind. Eine berechtigte Frage ist jetzt, wie man das alles lernen soll, wenn man doch selbst gar nichts mit fernöstlicher Philosophie und Lehre anfangen kann?!

Es ist natürlich wahr, dass die fernöstliche Philosophie, über Jahrhunderte entwickelt, beim Studium dieser Fähigkeiten hilft. Einem Zen-Meister, der es schafft die Erleuchtung durch das Kehren des Fußbodens zu erlangen, fällt es wohl leichter einen ruhigen Geist und ein ausgeglichenes Gemüt zu entwickeln. Aber die Geschichte zeigt uns immer wieder, dass es in allen Völkern, zu allen Zeiten und in allen Kulturen Menschen gab, welche die hier gezeigten Fähigkeiten meisterlich beherrschten. Es gab immer große Redner, außergewöhnliche Menschenkenner, unglaublich charismatische Führernaturen und es gab sogar Leute, die Stadien wie Mushin oder Zanshin erreichten, auch ohne nur im geringsten eine Ahnung davon zu haben, was das eigentlich genau ist. Etwa Revolverhelden im wilden Westen, die noch weit weniger Zeit zur Verfügung hatten im Duell, als zwei Schwertkämpfer. Sicherlich hat auch hier nicht nur die Fähigkeit, die Waffe schnell zu ziehen, eine Rolle gespielt, sondern vor allem der Gemütszustand des entsprechenden Mannes. Er hätte es vielleicht niemals Zanshin genannt und auch gar nicht gewußt was das ist, sondern sich einfach für besonders kaltschnäuzig und aufmerksam gehalten, aber es ist ja letztendlich ganz egal, wie man es nennt, der Zutand ist der gleiche.

Was also tun? Üben!

Man muss alles lernen. Manch einer hat für die eine oder andere Sache eine Gabe. Der eine beobachtet vielleicht ganz gut seine Mitmenschen, ein zweiter hat Menschenkenntnis und ein dritter geht immer mutig voran. Aber auch Leute mit Talent müssen ihre Talente weiter entwickeln. Also muss man jede der hier in diesem Buch aufgezeigten Fertigkeiten, lernen und jeder kann sie für sich üben.

Schwierig wird das bei dem Versuch Mushin und Zanshin zu erlangen. Der beste Weg hierzu sind nach meiner Meinung wirklich die Kampfkünste. Das liegt wohl vor allem daran, dass eine “Leben oder Tod Situation” eines der emotional stärksten Erlebnisse ist, dass wir machen können und selbst ein Übungskampf uns emotional sehr stark fordert.

Aber sie sind vermutlich nicht der einzige Weg. Denn das Leben bietet viele verschiedene Herausforderungen. In allen möglichen verschiedenen Gebieten. Nimmt man diese Herausforderungen immer gerne an, um sich selbst zu testen, um sich zu verbessern und um seinen eigenen Geist zu stählen, dann wird man irgendwann so gut darin werden, dass man in seinen Aufgaben aufgeht, dass man sie lebt und mit Leben erfüllt und dann hat man das gewünschte Ergebnis erreicht.

DAS SPIEL DES LEBENS

Die Schwierigkeit an solch einem Erklärungsversuch wie diesem Buch, ist, dass das Leben nicht konstant ist. Situationen ändern sich und Menschen ändern sich. Keine der aufgezeigten Möglichkeiten bietet eine Garantie für Sieg oder Niederlage. Nichts arbeitet wirklich zu einhundert Prozent zuverlässig. Aber so ist das Leben nun einmal. Im Leben gibt es nichts einhundert prozentig Zuverlässiges. Vielleicht geht man morgen über die Straße und trifft den Partner seines Lebens oder man geht über die gleiche Straße und wird überfahren. Man weiß es nicht. Das Leben hält zu viele Überraschungen und Facetten bereit.

Deshalb kann man nie wirklich ganz sicher sein. Aber die in diesem Buch erklärten Angewohnheiten, Möglichkeiten und Fähigkeiten können einem das Leben erleichtern, da sich Situationen auch immer wiederholen, Menschen sich ähnlich sind und verschiedene Handlungsmodelle und Trends immer wieder zu beobachten sind.

Von einer historischen Kriegerkaste zu lernen, ist deshalb sinnvoll, weil diese Männer und Frauen immer im Angesicht des Todes lebten. Sie konnten sich keine Fehler leisten und mussten deshalb ihre zwischenmenschlichen Fähigkeiten perfektionieren und ihre Ängste bezwingen. Unter diesem

Druck stehend, kann man, so denke ich, davon ausgehen, dass dieser Personenkreis härter als jeder andere an der Vervollkommnung dieser Fähigkeiten gearbeitet hat.

Wichtig ist, auch hier nicht verkrampft zu versuchen der perfekte Mensch zu werden, der immer alles zu jeder Zeit unter Kontrolle hat. Das Leben ist ohnehin nur zu einem kleinen Teil zu beeinflussen. Aber wir können daran arbeiten das Beste daraus zu machen und uns so gut wie möglich vorbereiten. Der Rest ist dann Schicksal, doch wenn wir Fähigkeiten wie Zanshin entwickelt haben, dann können wir dem Schicksal ins Gesicht schauen und kämpfen.

Erleben Sie jeden Tag auf's Neue und nehmen Sie dessen Herausforderung an!

FÜR ALLE WEITEREN KÄMPFE IM LEBEN

GIBT`S BEIM

ANDREAS LEFFLER MEDIENVERLAG

LIFE IS A BITCH

EURO 10,18 / ISBN: 3-9806838-5-0 / 118 Seiten Din A 5

In kurzen Worten alles über die Wahrheiten und Lügen des Lebens. Über Frauen, Männer, Machos, Softies, Schlampen, Sex, Geld, Korruption, Volksverdummung und schlechte Vorbilder. Über Gewohnheitsehen, ewige Verlierer, Gewinner, Schönheiten, innere Werte und Äußerlichkeiten. Aber auch über die Tristesse des Alltags, den Beruf, Selbstverwirklichung, Träume und eben alles, was das Leben ausmacht.